★ 色が...

太陽の光で車の色

★ ハートがいっぱいのくるま ★

けんかをしても、これに乗ったら
すぐなかなおりできる。

★ 富士山 れっしゃ ★

★ はねがはえたブーツ ★

好きなときに、好きな所へ
飛んでいける。

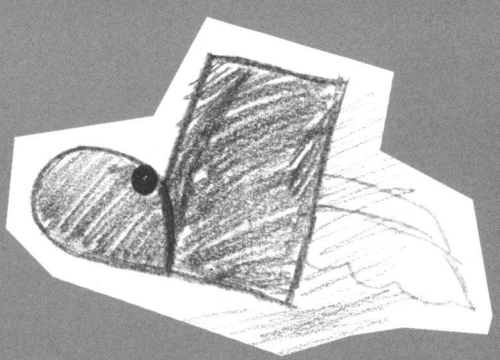

富士山の駅。
おりたら頂上はもうすぐそこ。

★ ロケットシューズ ★

もし学校におくれても、
このロケットシューズを使えばひとっ飛び！

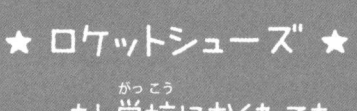
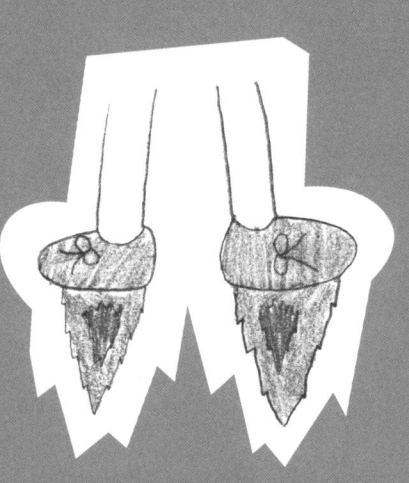

世界を変える デザインの力 ①

監修：ナガオカケンメイ

使う

教育画劇

はじめに
監修 ナガオカケンメイ先生より

　みんなの部屋や家、学校や町にあるもののほとんどが、デザインです。その中には、テレビで人気のアニメキャラクターもあれば、消しゴムや机のような手でさわって使うもの、信号機や自動車、ロボットや宇宙ロケットのような、大きなものまであります。

　デザインとはわたしたちに役立つものであり、形や色にちゃんと意味のあるものを言います。また、安全でしっかり機能しなくてはいけないものです。そういうものを作る仕事をしている人をデザイナーと言います。つまり、デザイナーはみんなのことや町のことを考え、こういうものがあったら、もっと安全で便利になるのに、こうすればもっと楽しくなるはず、ということを形にするとても責任ある仕事と言えます。

　この本で、一番、僕がみんなに知ってほしいことは、みんなの生活のまわりにはたくさんのデザインがあるということ。使うため、伝えるため、つなげるために、デザイナーが深く考えたことが、そのデザインにちゃんとあらわれているということです。

　この本を読んで、デザインの世界っておもしろいなと、興味を持ってくれるとうれしいです。そして、形や色の意味を見つけてワクワクし始めたら、きみもデザイナーの仲間になれるかもしれませんね。

ナガオカケンメイ先生

もくじ

いつも使っているもの大研究

いいところ探しをしよう ◆4

ものの形の理由を探ろう ◆8

使い分け名人になれるかな？ ◆11

長生きデザイン大研究

"ロングライフデザイン"に注目！ ◆34

暮らしの中から探してみよう ◆36

ものが形になるまで

新しいものごとを思いえがこう ◆14

思いをこめて、美しく ◆16

見る、気づく、考える！ ◆18

素材の特ちょうを生かそう ◆20

社会が変わる

ロボットデザインの発想力 ◆40

からだを支え、動きを助ける ◆42

デザインの力で笑顔を増やそう ◆44

風土が生み出す豊かなちがい

出発！ 47都道府県 伝統の技めぐりの旅 ◆26

世界の国のデザインくらべ ◆30

★ケンメイ先生のデザインの目

自然がつくり出す美しい形　12

デザイナー・インタビュー　24
水戸岡鋭治さん

デザインタイムマシーン　32

ロングライフデザインを
生み出すための10か条　38

"もの選び"も世界を変える　45

キーワードさくいん　46

おわりに　47

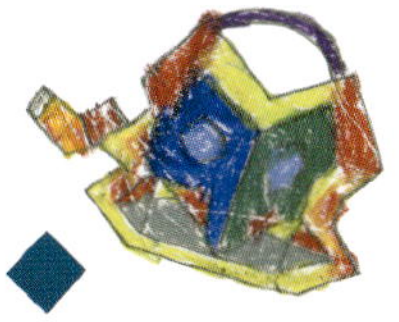

わたしたちが使っているものは、だれかが
使う人の生活がより良く、楽しくなるようにと
考えて形になったものです。
大昔から、人間は生活に必要なものを
工夫して作り出してきました。
それでは、"使う"ために考えられたデザインを
見に行きましょう！

● デザインは大昔からあるんだよ

山木遺跡の出土品　約1800〜1700年前
（弥生時代後期から古墳時代前期／静岡県）

高さ16.7cm、幅37.8cm、おくゆき12.6cm

これは木で作られたベンチ。このベンチを使うことで、暮らしにどんないいことがあったか想像してみてね。

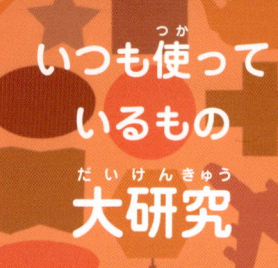

いつも使っているもの大研究

いいところ探しをしよう

いつも使っているものには、きみが気に入っている理由があるはず。身近な筆箱をあらためて見てさわって、そんな"いいところ"を発見しましょう。

外側はすべすべしていて、手ざわりがとてもいい。赤い色もきれい。

形が四角柱だから、横にも縦にも置ける。

じしゃくだから開け閉めが簡単。

外側にポケットがあるのが便利。

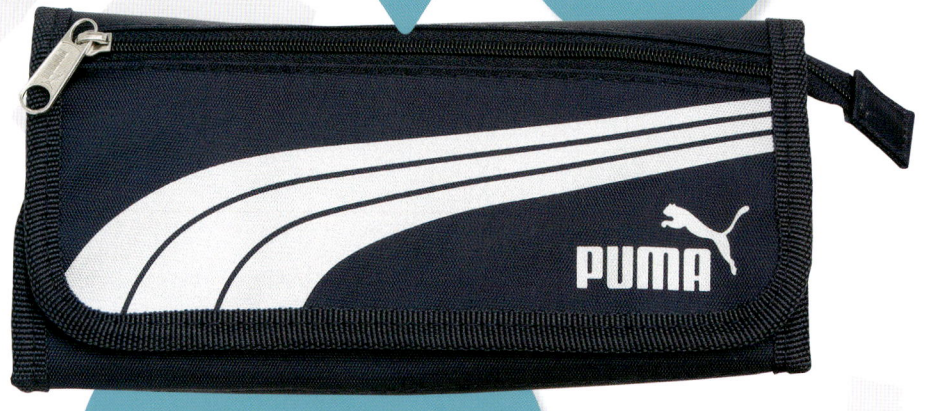

折ったり丸めたりできるから、かばんのすきまに入るんだ。

ここに指を引っかけてかばんから出せるよ。

緑っぽい茶色とオレンジ。色の組み合わせがかっこいい。

平べったい形だからかばんのポケットに入れやすい。

外側の下半分はさわるとかたいんだ。形がくずれないで、きれいに使えるよ。

花がらの布とインコのししゅうが気に入ってるよ。

なんの飾りもないカンの筆箱。好きなシールをはって楽しめる。

かたくてじょうぶだよ！

色や手ざわり、形など、いろいろな"いいところ"が見つかったね。次は、筆箱を開けてみよう！

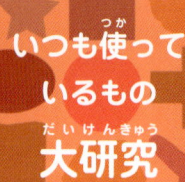

いつも使っているもの大研究

筆箱のデザインによって、文ぼう具のしまい方もいろいろ。
きみがいつも使っていて、「いいな」と思うところはどこかな？

えんぴつを差し入れるトレーには、しんを守るためのホルダーがあるよ。まどからは、しんの色やとがり具合が確認できる。

開くと箱形の入れものになって、文ぼう具の出し入れが楽ちん。

トレーが仕切りになって、上下2段として使える。整理がしやすい。

ポケットがたくさんついている。えんぴつと単語帳を分けて入れられる。

口が大きく開くから、中のものがひと目でわかるよ。

外側のポケットにはペンを入れているよ。

このポケットには定規がぴったり入るんだ。

いつも使っているもの大研究

ものの形の理由を探ろう

身の回りのものを、もっと見てみましょう。「にぎる」「書く」「座る」など、そのものを使うために考えられたデザインが発見できますよ。

やかん大解ぼう

いろいろな角度からじっくり観察してみてね。

取っ手が少しななめになっているのはなぜ？

手を自然にそえられる角度だ。

にぎる　運ぶ

つまむ

ふくらみやへこみがある

しっかりにぎったり、指をかけたりできる。

大きな注ぎ口

注ぐ

ためる

置く　熱する

肌にふれる部分には、やけどをしないように熱が伝わりにくい素材が使われているよ。

注ぎ口からのぞくと…

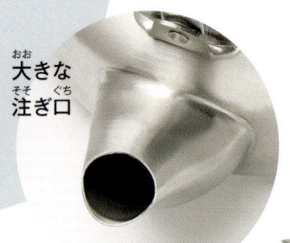

ナンダロウ？！

内側
穴のあいた仕切りは、茶こしの役割も果たしている。

取っ手が横にたおせる。

底が平らで広く、角が丸いのはなぜ？

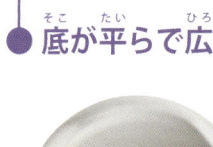

やかんは古くは球のような形をしていたけど、囲炉裏からガス台に変わって底が平らになった。角の丸みは熱の伝わりを考えた昔ながらの知恵で、底は炎がむだなく当たるように広くしてある。

穴があいているのはなぜ？

ふた

ふっとうしたときに蒸気をにがすよ。ふたがカタカタいうのと、ふきこぼれを防いでいるんだ。

8

よく見て！

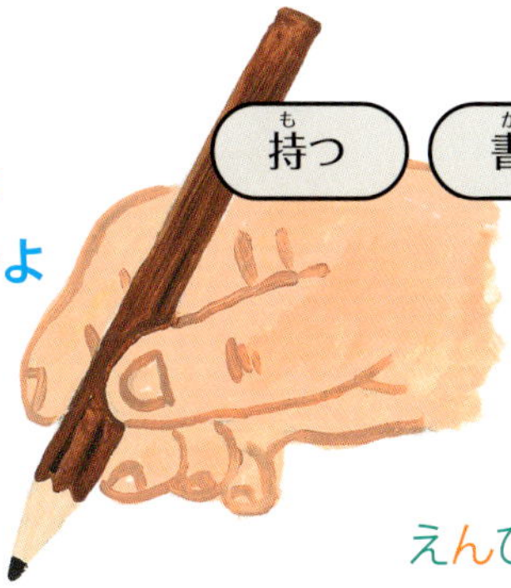

えんぴつには六角形が多いよ

持つ　書く

えんぴつは親指、人さし指、中指の3点で支えて文字を書く。6は3の倍数なので、六角形は持ちやすい形なんだ。それに、転がっても止まるね。

えんぴつのいろいろな形

丸形は、かいたり塗ったり、いろいろな持ち方をする色えんぴつに多い。三角形はえんぴつの持ち方の練習用だ。丸形に平らな面が1カ所ある形は、文字にも絵にも使いやすい。

おふろのいすは、真ん中に穴があいてる

座る　ぬれる

穴があいているとお湯が流れて、水ぬきができるね。水がたまるとよごれもたまりやすいし、すべりやすくもなる。また、持ち運ぶときの指穴にもなるよ。

口の閉じ方にもいろいろあるね

きん着ぶくろ　両はしのひもをそれぞれ左右に引っ張る。布はやわらかいから、こうやってしぼることができるんだね。

きゅ！

ぱっちん！

入れる　閉じる

がま口　金属の弾力性を利用して、玉の留め金具を前後にずらす。「がま」ってカエルのことだよ。

身の回りにあるおもしろい形を探してみよう

ストロー 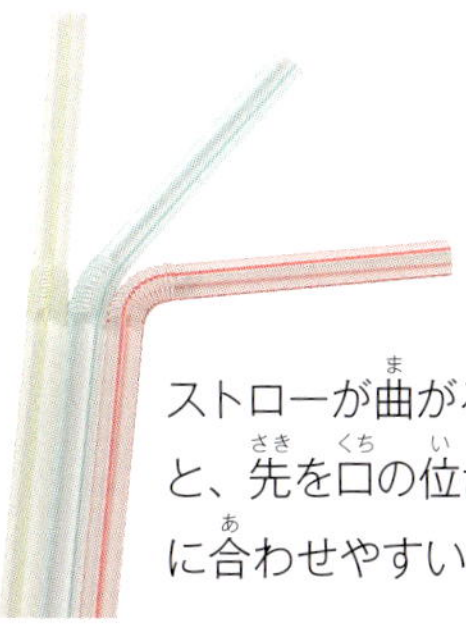
ストローが曲がると、先を口の位置に合わせやすい。

水道のハンドル 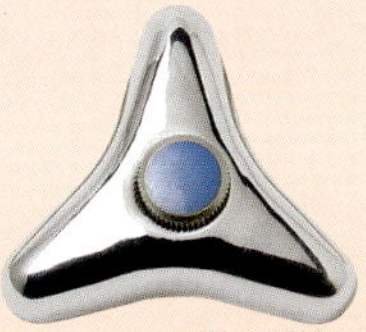
へこみに自然に指をそえられる形をしているね。使い方も迷わない。

ゼムクリップ 
針金を3回曲げただけでバネの機能を持たせ、紙をはさむことができる。19世紀の発明品。

形研究　どんな形が強いかな？　～強度を考えてみよう～

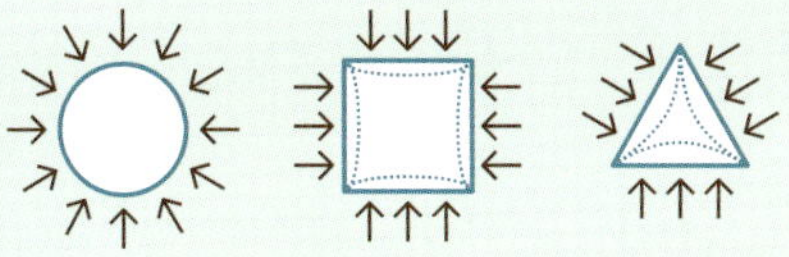

丸、四角、三角で、外側から均等に力がかかったとき一番変形しないのは丸だ。トンネルにはアーチ形が多いね。

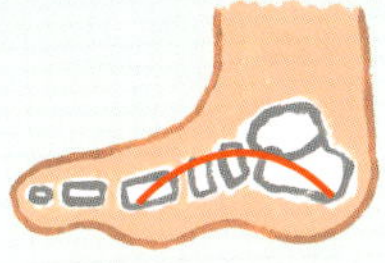

体重を支えている人間の足のほねも、アーチ形をしているよ。

ものが使いづらかったり、ぱっと見て使い方がわからなかったりしたら、困ってしまうね。形ってとても大切なんだ。

いつも使っているもの大研究

よく見て！折りたためる形を探そう

● 折りたたみいす

入学式や卒業式に使う折りたたみいすは、ふだんは折りたたんで、体育館のステージの下などに収納されているね。

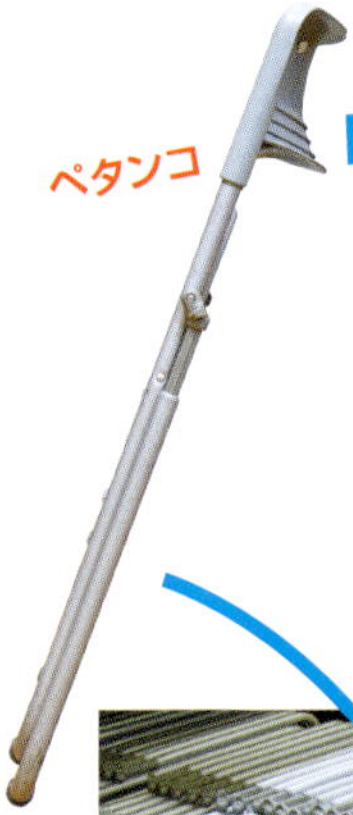

ペタンコ

折りたたむと平らになるから、たくさんしまえる

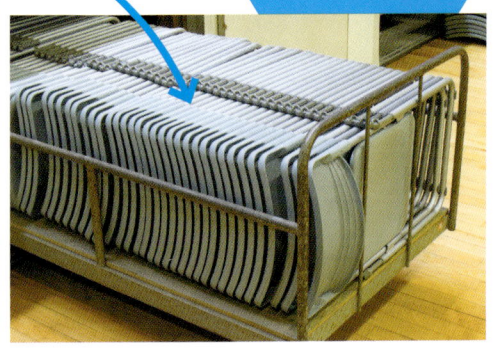

● 折りたたみ自転車

折りたたむと小さくなるよ。コインロッカーにも入ってしまうんだ

サドルを下げる↓　　ここを折りたたむ……

ここを折りたたむ

この折りたたみ自転車の場合は、サドルを下げて、2カ所折りたたむと小さくなる。自転車を、乗るだけでなく持ち運べるものに変えてしまうよ。

「閉じる、開く」形を調べよう

● 工具箱

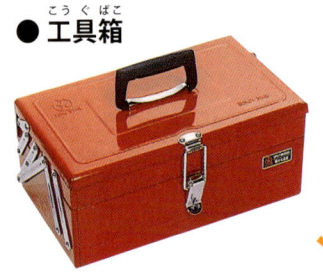

パカッ

箱は2段になっていて、ふたを開けると上の段が両側に開く。上下の段に入っている道具がいっぺんに見えるよ。

● せんす

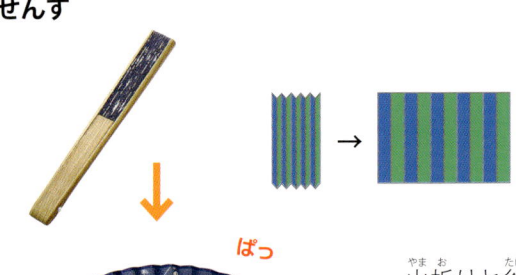

↓

ぱっ

山折りと谷折りをくり返した形だ。

9ページの、ストローの曲がる部分も同じ仕組みだよ。

10

使い分け名人になれるかな？

「お題」の①〜⑤に使うコップやグラスを、絵のたなの中から選びましょう。形、大きさ、そして素材もポイントです。主な素材の特ちょうは、右の「ヒント」を見てね。

お題
① あつあつの紅茶
② あたたかい緑茶
③ たっぷりの冷たいジュース
④ たっぷりのホットココア
⑤ 冷たい麦茶を友達3人で

ヒント
陶器、磁器、ガラスのちがい

陶器 原料は粘土
厚手のものが多く、磁器より熱を伝えにくい。つめでたたくとにぶい音がする。

磁器 原料は陶石
かたくてうすく、熱を伝えやすい。つめでたたくと高い音がする。

ガラス 原料は石灰石など
かたくて透明。急に熱いものを入れると、割れてしまうことがある。

使い分け名人になれたかな？

①
熱いので取っ手があるものを。内側が白いティーカップは、紅茶の美しい色が楽しめる。

②
緑茶は少し冷ましたお湯でいれると風味が良い。その温度を手で感じ取れるのが湯のみだ。

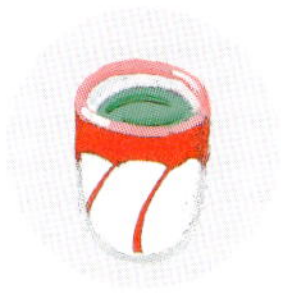

③
透明だからジュースの色が見えてきれい。たっぷり飲むなら大きめのグラスで。

④
陶器のマグカップは大きさもあってたっぷり注げる。熱くても持ちやすく、冷めにくい。

⑤
おそろいだと同じ量で入れられる。このコップは重ねられるから、後かたづけも簡単だ。

同じコップでも使い道によってデザインがちがうね。また、デザインはどんな人が使うかによってもちがってくるよ。小学1年生と6年生でも、手になじむ大きさはちがうものね。

ケンメイ先生のデザインの目

自然がつくり出す美しい形

自然のはたらきによってつくられた無理やむだのない形は、デザインのお手本にされています。

ペンギンと飛行機が似ている!?

ペンギンは水の力を上手に受け流す形をしているので、水中をスイスイと、とても速く泳ぐことができます。このような形を流線形と呼びます。飛行機もどう体を流線形にすることで、空気の抵抗を減らし速く飛ぶことができます。

エンブラエル170／フジドリームエアラインズ

貝の形は美しくて機能的

「うずまき」や「らせん」は自然の中でよく見られる形です。左のPHランプと呼ばれる照明器具は、オウム貝のからにあるような、らせんの一種をカサの形に取り入れています。そのため、カサに反射した電球の光がむだなく下方向へ流れ、食たくの上を明るく照らすことができます。

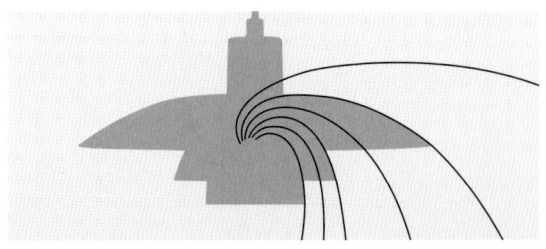

PH4/3ペンダント／ポール・ヘニングセン／ルイスポールセン社

12

写真：山内順仁

▲ガウディの考えた逆さづり模型。

逆さの発想!? 重力が生み出す形

大きな建物は大きな重力を受けます。だから、大きな建物を建てるときは傾いたり、たおれたりしないよう、力のかかる場所をよく考えて設計しなければなりません。ガウディは常に自然界にある形をよく観察して自分の作品の参考にしていました。サグラダ・ファミリアは、糸につけたおもりをたらして作った、逆さづり模型の形をもとに設計されました。これは重力によって下にのびていく鍾乳洞の形によく似ていますね。

◀鍾乳洞（カールズバッド洞窟群国立公園／アメリカ）

▲アントニ・ガウディ（1852〜1926）が設計したスペインの教会サグラダ・ファミリア。現在も建設中である。

©スペイン政府観光局

新幹線 N700系の風洞実験

高速で走る新幹線も大きな空気の力を受けます。N700系では、新幹線が速く走るのに最適な形を見つけるために、小型の模型を作って前から強い風をあて、空気の流れを調べました。このような実験を風洞実験と呼びます。

新幹線 N700系／JR東海

模型による先頭形状風洞実験のようす。

13

ものが形になるまで

新しいものごとを思いえがこう

さあ、ものはどんなふうに考えられて形になっていくのでしょう。
作り手の「こういうものがあったらいい」という強い思いと、
そこから生み出されたものを見てみましょう。

コルセットもフリルも取り外し、女性が自由に動ける服を！

20世紀初めまで、西洋の女性はコルセットという道具で、ウエストをきつくしめつけていました。からだにいいはずはありませんが、それが常識だったのです。シャネルはこうした伝統を打ちやぶり、やわらかいジャージー素材で動きやすい服を作りました。「女性が美しく、力強く表現されること」を思いえがいて、服のデザインとともに、女性の新しい生き方も社会に送り出したのです。

ジャージードレス（1916年）
機能的な男性服からヒントを得た。

19世紀の西洋の女性。コルセットでウエストをしめつけていた。

ココ・シャネル（1883〜1971）
ファッションデザイナー

© ROGER_VIOLLET

裕福な人だけでなく、多くの人が車を持てるように

フェルディナント・ポルシェ（1875〜1951）
カーデザイナー・技術者

この車はビートル（カブトムシ）と呼ばれて親しまれています。小型でも大人が4人乗れて、最高時速100kmの高性能を持ち、しかも価格が低いことを目指して設計されました。自動車を一般家庭に広めた世界初の「大衆車」です。1938年から2003年まで製造され、現在もザ・ビートルの名でデザインを少しずつ変えながら製造され続けています。

フォルクスワーゲン ビートル

スポーツシューズを通して、若者を健全に育てたい

鬼塚喜八郎（1918～2007） アシックス創業者

第二次世界大戦後、日本がまだまずしかった時代に、スポーツシューズを作ることでスポーツを盛んにし、若者を健全に育てようと志したのが、アシックスの創業者である鬼塚喜八郎です。彼は毎日のように体育館へ行き、選手の動きを観察してバスケットボールシューズを作り上げました。マラソン用、レスリング用なども作り、それらは1964年の東京オリンピックで数多くのメダルを生み出しました。

アシックスの バスケットボールシューズ 第1号（1950年）
写真提供：アシックス

上はマラソンシューズ、下は陸上競技用（現在のもの）。

パソコンを人間性あふれる存在にし、人々が自分の感情をより豊かに表現する手伝いをしたい

スティーブ・ジョブズ（1955～2011） アップルコンピュータ創業者

ジョブズが自宅のガレージで友人ウォズニアックと作り上げたパソコンは、世界を変えるほどの力を持っていました。人が求めるものを作るのではなく、「ものはこうあるべきだ」と思いえがきました。今、デザイナーをはじめ多くの人がアップル製品を使って自分を表現しています。

初代マッキントッシュ（1984年）

▲ノートパソコン MacBook をしょうかいするスティーブ・ジョブズ。

i Phone 4

ジョブズの思いとアイデアがつまったスマートフォン。彼は常に人々におどろきを与えた。

いつでもどこでも 音楽を楽しむ暮らしを

ソニー 日本の電子機器メーカー

「音楽を持ち歩く」ことを初めて形にしたのが、ソニーのウォークマンです。ヘッドホンを使いひとりで音楽をきく文化を誕生させました。

ウォークマン1号機（1979年）

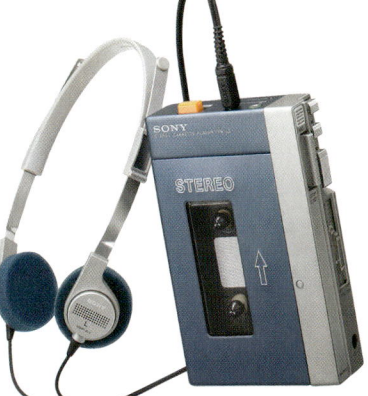

デザインの始まりには「思い」があるんだね。

ものが形になるまで

思いをこめて、美しく

さまざまな思いを形にするとき、デザイナーは美しさを大切にします。便利なだけでなく、使う人の生活を豊かにするためです。

バタフライはチョウのことだよ

使いやすく美しく

バタフライスツール
柳宗理（1915～2011）

平形めし茶わん
森正洋（1927～2005）

お茶わんの形を変えたデザイン

このスツール（いす）をデザインした柳宗理は、設計図をかく方法ではなく、手でさわりながら、実際に使いながらものを作っていきました。このいすは座り心地が良いだけでなく、曲線が羽を広げたチョウのように見える美しさがあります。8ページのやかんも柳宗理のデザインです。

直径が15cmあり、平たい形をしています。ご飯を盛っても茶わんのがらが見えて美しく、もりもりかきこんで食べるのにも使いやすい形です。おかずを盛るお皿にも使えます。

うるしのさじ　増田多未

赤ちゃんの食事姿を観察し、実物大の模型を制作して時間をかけて作り上げられました。うるしは天然素材で抗菌効果があります。石川県の伝統工芸、輪島塗の職人さんが、ひとつひとつていねいに塗っています。

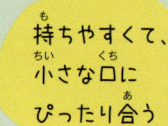

持ちやすくて、小さな口にぴったり合う

16

安全第一！

利用者の
安全を守って、
さらに楽しく

知っておこう！
こんな言葉

機能美
使いやすさを追求した結果、必要以上の飾りもないところから感じられる美しさ。

鮎の瀬大橋　大野美代子

熊本県上益城郡の緑川峡谷にかかる鮎の瀬大橋は、谷の美しい景色をさらに引き立てています。橋のデザイナーも、安全性やじょうぶな造り、地形に合うことや美しくなることを目指し思いをこめて作っています。橋を渡る人にとっての楽しさも考えられているんですよ。

スティーマー トランク
ルイ・ヴィトン（1821～1892）

暮らしに
夢や遊びを

見る人に
よって思いは
さまざま

どんな旅を
するのかな？

19世紀に、ゆうがな船旅を好む人々のために考えられた大型トランク。トランクを開けると、クローゼットとたんすの機能があります。旅行先でも家にいるような感覚で過ごせそうですね。高さは約1m10cm。

ミス・ブランチ
倉俣史朗（1934～1991）

アクリルという透明な素材で作られたいすです。アクリルにうめこまれた造花のバラは、まるで空間に浮かんでいるようですね。

1988年デザイン　所蔵＝富山県立近代美術館　©クラマタデザイン事務所

17

ものが形になるまで

見る、気づく、考える！

何かをデザインするとき、観察はとても大きな役割を果たします。毎日多くの人がごく自然に使っている、駅の自動改札機の例を見てみましょう。

Suicaの自動改札機ができるまで

- 傾き13.5度
- 光るアンテナ面
- 「ふれてください」という表記

1997年に作られた試験機。現在の改札機の原型となった。　写真：清水行雄

1995年のこと

デザイナー 山中俊治さん

担当者

利用者が迷うことなく、カードをうまくアンテナ面に当ててくれるように、そして、いっしゅん止めてくれるようにデザインできませんか。

どうしたら利用者が迷わないか

友人

実験機を作って、利用者の行動をていねいに観察すれば、使い勝手の問題点はほとんど見つけられるんだ。

山中俊治さんは友人が言っていた言葉を思い出し、実験提案書を作成しました。そして、アンテナ面の角度や向きがそれぞれちがう5個の試作機を作り、1996年に実験を始めました。

実験に使われた試作機（周りの5個）と、完成した試験機（中央）。
写真：清水行雄

"行動観察"を行って問題点を見つける

ふむふむ…

カードを縦に当てる人、激しくふる人…

カードを機械に見せて通ろうとする人…

実験を通して、アンテナ面を光らせること、傾きが13.5度であること、「ふれてください」という表記を入れることが、利用者が迷わないデザインだとわかりました。

2001年導入

外観はメーカーによってちがっても、アンテナ面の傾きは全国ほとんど13.5度だ。▲

18

こうすればいい！もの作りのアイデア集

服やぼうしがすぐ散らかっちゃう。かけられるものがあったらいいな。

たとえば...

かけられるところがたくさんある！

ハング・イット・オール
（なんでも引っかけようという意味）
デザイン：チャールズ＆レイ・イームズ

お湯をわかしていることを忘れてしまう。

たとえば...

お湯がわくと・ミとシの音が鳴るやかん。

アレッシィ ケトル
デザイン：リチャード・サパー

色ペンがたくさんあると筆箱がいっぱいになる。

たとえば...

黒・赤・青・緑、4色合体！

サンドウィッチも大発明だね。

パンとおかずがいっしょに食べられる。

観察散歩のすすめ

ふだんの生活の中で、ものや場所がどんなふうに使われているか観察してみましょう。

● 図書館のカウンターを観察したよ

つえを立てかける人がいた。

つえがすべって落ちちゃった！

バッグを置く人がいた。

少しけずったらつえがすべらないかも。

ものを置く台があるといいな。

● いろいろなゴミ箱を観察したよ

上が平べったいと、カンをのせる人がいる。

「一般ゴミ」の表示を読まない人がいる。

穴がものと合う形をしていて、絵のマークがかいてあるゴミ箱は、正しく捨てられているみたい。

よく見て、気づいて、考えることは、いいデザインを生み出すことにつながるよ。

ものが形になるまで / 身近な素材

素材の特ちょうを生かそう

今まで見てきたデザインも、そのものにふさわしい素材が使われていましたね。素材の特ちょうとそれを用いたデザインを、もっと見てみましょう。

何からできているのかな？

●植物系

綿花から… **木綿**

じょうぶ / あせを吸い取る

アサから… **麻**

風通しがいい

●動物系

羊の毛から… **ウール**

あたたかい

かいこのまゆから… **絹（シルク）**

つやつや

竹

竹の豊富な日本では独自の竹編みの技術を発展させてきました。アジアでは高層建築の足場にも使われています。竹は、しなやかで強いだけでなく成長がはやいので、エコ素材として注目されています。

▶香港の建築現場

紙

コウゾ、ミツマタ、ガンピという木を原料とする手すきの和紙、パルプを主原料とする洋紙などがあります。和紙は湿気を吸い取る特性があり、日本の暮らしの中で昔から重宝されてきました。

弘前ねぷた 青森県の夏のお祭り。和紙を使った大きな飾物が町中を練り歩く。和紙はとてもじょうぶなので、制作時に和紙の上に乗って色を塗ることもできる。

紙と木

しょうじ

和室に用いる建具。木をわくにして和紙をはることで、屋外の光をやわらかく取り入れている。断熱効果もある。

20

木

昔から日本の家屋に使われてきました。空気中の水分を吸ったり出したりして湿度を調整してくれる性質があります。

工房見学をしよう

この児童用の木製キックバイクは、秋田県のワークス・ギルド・ジャパンが作っている。やわらかな曲線は「曲げ木」という加工技術によるもの。小さい頃から木にふれて育ってほしいという願いがこめられている。

手作業でひとつひとつていねいに作られているよ。

キックバイク
（曲げ木木製二輪玩具 ゼロワン）

うるし

写真は岩手県浄法寺塗。

うるし科の樹木から取れる樹液を加工して作られる天然の塗料です。そのため、木を保護するのに適しています。うるしを塗った木の器はとてもじょうぶで美しくなります。

ガラス

かたくて透明で、表面がなめらかです。

ステンドグラス（ノートルダム大聖堂／フランス）
着色したガラスのかけらを結合して作られる、美しいガラス工芸。

光ファイバー
電気信号を光に変えて、ガラス線の中で反射させることで情報を伝達する通信ケーブル。ガラスの種類による光の反射のちがいを、うまく利用している。

ガラスについては 11 ページも見てね。

木とガラス

これはケメックスのコーヒーメーカー。熱いお湯を注いでコーヒーをいれます。

たい熱ガラス
たい熱ガラスは、数種類のガラスを混ぜて作ることで熱に強くなっている。

木は熱を伝えにくいので、肌にふれるところに使われることが多い。木をそえることで、あたたかい感じが出る。

21

ものが形になるまで

これ、何でできてるの？

使い道がちがういろいろなものを通して、素材の世界を探検しましょう。

化学せんいの仲間

木綿や麻、ウールなどの天然素材とはちがって、人工的な素材。新しいせんいは、新しいデザインを生んできました。

カラフルな食器

防弾チョッキにも使われるほどの強度があり熱にもたえるザイロンのほか、強度を保つテクノーラ、防水性の高いゴアテックスが使われている。

消防服

シェルチェア
1950年代、安くて使い心地の良い家具としてデザインされ、今なお親しまれている。
デザイン：チャールズ＆レイ・イームズ

プラスチックの仲間

石油を原料として作られる素材。成形しやすく色も着けられるので、日用品をはじめさまざまな製品に使われています。

プラスチックは大量生産が可能だけどほとんど自然にもどらない。長く使う工夫やリサイクルが大きな課題だ。

ペットボトル

レゴブロック
精密に作られたでこぼことカラフルな色が特ちょう。プラスチックならではの玩具。

車のタイヤ

ペンのグリップ部分

ゴムの仲間

のびたり縮んだりして、変形しても元にもどる性質があります。すべりにくいこと、基本的に気体を通さないことも特ちょうです。

エアの秘密

くつが軽いと筋肉への負担も軽くなる。そこで空気を素材にしてしまったのが、ナイキのエアマックスだ。くつ底に閉じこめられた気体が、バネやクッションの役割をしているよ。

22

宇宙服

一番外側の生地
ゴアテックス＋ノーメックス

宇宙服は全部で14層になっている
14層の一番外側に当たるゴアテックスとノーメックスを混合した生地は、断熱と微小隕石対策の機能を持つ。

ロータス効果

ハスの葉は水をはじいて、どろの中でもいつもきれいだ。その秘密は、葉の表面に小さなでこぼこがたくさんあること。でっぱりが水玉を支え、水玉に葉のよごれがくっついて転がる。この性質をロータス（ハス）効果と呼び、布や塗料など多くの素材に生かされている。

ハスの葉の表面と水玉の図。▶
© William Thielicke

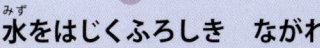

水をはじくふろしき　ながれ

生地の全面に防水加工をするのではなく、糸の1本1本に水をはじく加工をして織られた生地なので、表面に小さなでこぼこがある。ロータス効果と同じだね。

金属の仲間

強くてよくのび、熱で溶かして形を作ることができます。また、電気や熱をよく通します。軽い金属も開発されています。

マグネシウム合金

軽くて加工しやすいので、リサイクルが難しいプラスチック素材の代わりになる。車や電車の素材としても期待されている。

チタン合金

軽くてかたい。肌にふれてもアレルギーを起こさない特ちょうがある。

ステンレス

さびにくくて光たくが美しい。キッチン用品や自動車の部品などに使われる。

アルミニウム合金

軽くて加工しやすいアルミニウムの特性を持ちながら、強度もすぐれている。写真のケースは爆発でもこわれなかった事例があるほどじょうぶ。

23

ケンメイ先生のデザインの目

デザイナー・インタビュー

鉄道車両のデザイナー

水戸岡鋭治さん

多くの人が使う電車はどんなふうに考えられてデザインされているのかな。聞いてみましょう。

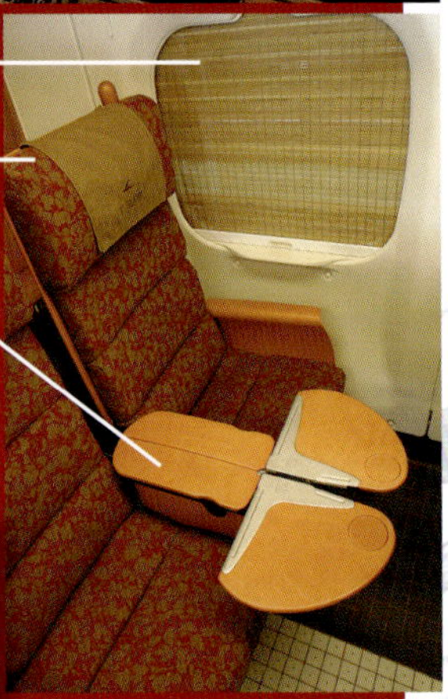

九州新幹線800系「つばめ」

- 木のブラインド
- 西陣織のシート
- 木のひじかけとテーブル
- 車内にはられた彫金 
- 洗面所にい草ののれんがかかっているよ 
- 金箔がはられたかべ 

●電車をデザインするときに、大切にしていることはなんですか？

　電車を使う人のために、安全、安心であり、乗り心地が良くて、美しくて、楽しい、そういう空間と時間を提供したいと考えています。
　車内で大事にしているのは、利用者のみなさんが"自分のもの"として使えるいすです。九州でデザインした電車では、いすの高さを通常の規定より少し低くして、子どもでも足が着くようにしています。その高さだと大人はリラックスして足をのばした感じになるので、いすといすの前後の間をあけ、ひとりのスペースを広めにとっています。いすのクッションをルーズにして、なるべく"型くずれする"ように作っているんですよ。そうすると、使う人が自由に動けて楽に座っていられるんです。"自分のために作られたいす"と感じてもらいたいです。

●九州新幹線800系「つばめ」のいいところを教えてください。

　いすに座って、「あ、なんかいいな」って思うと、みなさんきっと、いすにさわりますよね。800系「つばめ」のいすには、伝統的な西陣織、天然の木、本物の革など質のいいものを使っています。そうすると、周囲にも興味がわいてきて、ブラインドが木でできているとか、そういうのがひとつひとつ見えてきます。そうしたら、この電車はもっとおもしろいかもしれないと、立って歩き始めるんですね。それは、ものすごく興味がわいている状態で、楽しいっていう気持ちだからにこにこしています。車内を探検している人同士で、対話も生まれます。
　車内には、熊本県のい草ののれんを使っていたり、金箔、うるし絵、彫金、木彫など、日本の伝統的なものがはってあります。公共の交通機関の中に日本の文化を入れることで、だれもが使って見てさわれる環境をつくっています。文化は使ったことがある、見たことがある、という経験が大事なんです。800系「つばめ」は、地域の風土、日本の文化を乗せて走っているんですよ。

●今までデザインしたなかで、一番印象深い電車はなんですか？

　JR九州のなかで、ぼくが初めてデザインを任された、787系「つばめ」ですね。このときぼくは、電車のデザインに関しては"しろうと"だったんですよ。車内に木やガラスの仕切りを使うのは不可能だといわれましたが、ぼくが本気で仕事に向かうのを、多くの大人たち、専門家たちがロマンと考えてくれて、おもしろいことが起きるという予感を共有し、いっしょにすばらしいものを作ってくれました。そのときの思い、感謝の気持ちが今も続いていて、この仕事を続けられる土台になっていると思っています。
　人の思い、志、情熱がなければ、新しいものは作れません。決められた予算で豊かなものが作れたのは、参加した人たちの「人の力」があったからです。

●水戸岡さんはどんな子どもでしたか？　何が好きでしたか？

　ぼくは勉強ができなくてきらいで、絵がすこし得意で、スポーツが好きな子どもでした。周りの大人がなかなか楽しい人たちで、勉強できなくてもいいよ、とか、元気が一番とか言ってくれたんで、今があると思います。
　土日はほとんど、いなかの本家で過ごしていました。そこにおじいちゃんおばあちゃんがいたり、お寺のおぼうさんがいたり、大人のたくさんの愛情のなかで生きていたっていう実感があります。それが、自分も人のために生きなくちゃいけないっていうことのもとになっているのかな。

車内を見てみよう！
燃えにくい木
特急電車 787系
美しい照明
割れにくいガラスの仕切り

●今作っている電車について教えてください。

クルーズトレイン「ななつ星in九州」

「日本初の豪華寝台列車を、今、一生懸命作っています。ヨーロッパの豪華寝台列車オリエントエクスプレスの志をつぎ、それをこえるものを作ります。どんなものができるかわからないけどやってみようというロマンです。イラストは大きなガラス窓から線路がずっと見える、展望室ですよ。」

※イラストは完成予想図です。

●どうすればデザインができるようになれますか？

　デザインには設計が必要で、設計図には"考え方"が必要です。その考え方が一番大事なので、「思う」こと、思ったあとに「考える」こと、考えたあとに「行動に移す」こと、この3つを身につけてください。思うだけではだめで、それを考えて、言葉や絵やかたちにする。そうして積まれたものが20年30年たったときに、デザインとして出てくるんですね。
　そうして、人が楽しくなることを考えましょう。個人ではなく、みんなのためを考えましょう。それが、自分の楽しい生活にもつながってくるはずですから。

水戸岡鋭治…1947年生まれ。岡山県出身。787系「つばめ」は世界的な賞も受賞した。ドーンデザイン研究所代表。

●インタビューは2012年11月に行いました。

風土が生み出す豊かなちがい

出発！ 47都道府県 伝統の技めぐりの旅

その土地の気候や自然なども、デザインに大きな影きょうを与えます。全国各地の、豊かなもの作りを見に行きましょう。

島根県
織　出西織
「発酵建て」と呼ばれる藍染めの技法を用いている。

広島県
宮島細工
世界遺産・厳島神社のある宮島には、腕のいい宮大工の歴史もある。

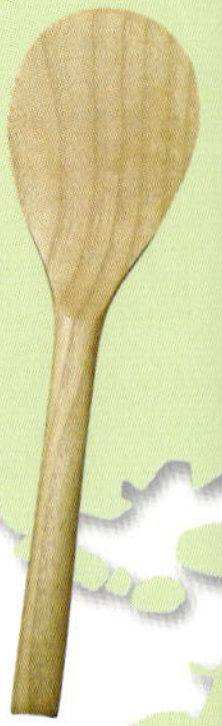

山口県
焼　萩焼
台に切りこみがあるのも特ちょう。

佐賀県
焼　有田焼
江戸時代初期に日本で初めて作られた磁器であり、今なお世界中で人気をほこっている。

福岡県
織　久留米がすり
綿糸をくくって染め、白い部分が模様になるように織る技法。12歳の少女が考えた。

愛媛県
焼　砥部焼
江戸時代に、砥石くずを原料に磁器を作ることに成功したのが始まり。

長崎県
ビードロ
江戸時代からある玩具。ふくと、ぺこん、ぺこんと音が鳴る。

熊本県
肥後てまり
「あんたがたどこさ」の唄が生まれるきっかけになったとされるてまり。フランスししゅうの糸で美しい模様がほどこされている。

大分県
竹　別府竹細工
大分県は真竹の生産量が日本一。

宮崎県
日向かや碁ばん・将棋ばん、日向はまぐり碁石 
宮崎県産の良質のかやの木で作られる碁ばん・将棋ばんは、脚の彫刻も美しい。はまぐりから碁石を作る技術も残っている。

鹿児島県
薩摩切子
西洋から伝わったガラス工芸に、「ぼかし」という色の濃淡を出す独自の表現を加えた。

旅のしおり

焼　陶器や磁器
焼物の器は、その土地の土や石から生まれたものが多いよ。

竹　竹細工
竹は日本のほとんどの地域で見られるよ。

織　染織物
生活に必要な布。織りや染めの方法にもちがいがあるね。

使われている素材やその形、みやびさそぼくさなどのおもむきに注目しよう。また、その土地の気候や海や山などの自然、文化や歴史にも思いをはせてみてくださいね。

因州和紙
きめが細かくて書き心地良く、墨の減りも少ないことから「因州筆切れず」といわれる。

織 京友禅
写真は江戸時代後期の一品。四季草花の花たばや羽うちわなどが配されている。日本を代表する華やかな模様染め。

福井県
若狭めのう細工
焼いて美しい色を出した「めのう」の原石を、時間をかけてけずり、みがきあげる。

鳥取県

竹 勝山竹細工
江戸時代の人も使っていた日用品の技が残る。

兵庫県 岡山県

焼 出石焼
柿谷陶石という純白の原料を使って焼かれる白磁。彫刻も美しい。

京都府 滋賀県
焼 信楽焼
信楽の粘土は良質で、大きなものを作ることもできる。

竹 丸亀うちわ
全国のうちわ生産量の約90％が香川県だ。

香川県 大阪府

大阪浪華錫器
錫はやわらかな金属。茶葉を新鮮に保つ効果がある。

奈良県 三重県
焼 伊賀焼
起源は奈良時代までさかのぼる。整った形をわざとくずす「破調の美」がみられる。

徳島県

高知県

織 阿波正藍しじら織
「シボ」というでこぼこがあるため肌ざわりが良く、夏でも軽やかで涼しい。徳島県は室町時代から藍の産地。

しゅろほうき
一枚のしゅろ皮から数本しか取れない貴重な「鬼毛」を用いている。

竹 高山茶せん
茶道の道具。流派や用途によって竹の種類や穂の形などがちがい、60種類以上もある。室町時代から守られてきた技。

土佐打ち刃物
高知県はあたたかくて雨が多い。そのため質の良い木に恵まれ、古くから大木を切る道具がある。

和歌山県

織 紅型
型紙を使う「型染め」と、布地に直接模様をえがく技法がある。植物や動物などの自然を、あざやかな色さいで文様に染め上げる。

伝統の技はここでしょうかいしたもののほかにもたくさんあります。各都道府県のホームページなどで調べてみてね。

白地花籠牡丹燕模様衣裳

沖縄県

焼 壺屋焼 カラカラ
沖縄県では焼物のことを「ヤムチン」という。これはからっぽになると「カラカラ」と鳴るお酒の入れもの。

27

出発！ 47都道府県 伝統の技めぐりの旅

輪島塗 蒔絵
「輪島地の粉」を用いたじょうぶなうるしと、蒔絵、沈金の装飾の技術をもつ。

石川県

> 日本には、和紙や木を使う技術がたくさんあります。豊かな森は日本の特ちょうだよ。

八尾和紙
江戸時代には薬のふくろにも使われた。時代に合う製品を生み出している。

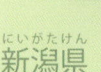

越後上布 【織】
上布（麻）を積雪の上に並べて雪解けを待つ「雪さらし」のようす。白地を漂白して模様を浮き立たせる効果がある。写真提供：塩沢織物工業協同組合

九谷焼 【焼】

紺・赤・黄・緑・むらさきの五色に代表される、美しい色絵装飾が特ちょう。

富山県
新潟県

高崎だるま
高崎だるまは縁起の良いだるまとしてまゆはツル、ヒゲは亀を表している。

益子焼 【焼】

江戸で使われる生活道具を多く作っていた。

美濃和紙
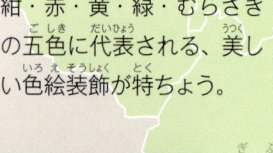
奈良時代に戸籍用紙として使われていた。

岐阜県
長野県
群馬県
栃木県

お六櫛

細かく精密な歯を持つ、手作りのすき櫛。
写真提供：信州・木祖村

岩槻人形
江戸時代初期から続く。ひな人形の生産量は、現在日本一。

埼玉県
茨城県

笠間焼 【焼】
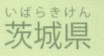
食器から飾り物まで、さまざまな形の焼物が作られている。

印伝
鹿革にうるしで模様をつけたもの。

山梨県
東京都
千葉県

江戸切子
日本のカットグラス（切子）の始まり。

愛知県
静岡県
神奈川県

箱根寄木細工
木材ごとの色や木目を生かしながら幾何学模様に寄せ合わせ、かんなですくけずってはっている。

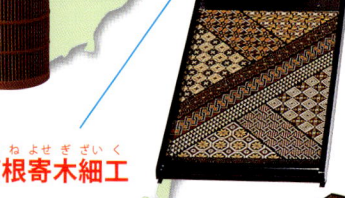

有松・鳴海しぼり 【織】

木綿にしぼりを入れて模様にする。その種類は百にも達する。

駿河竹千筋細工 【竹】

丸ひごを一本一本組み合わせ、しなやかに曲げる技を用いている。

万祝 【織】
房総半島は漁師の晴れ着「万祝」発しょうの地といわれる。

28

竹 津軽竹細工 りんごかご
六角目などの大きめの編み目が特ちょう。りんごつみのために作られたじょうぶな竹かご。

大館曲げわっぱ
秋田杉のうすい板を、熱湯で曲げて桜の樹皮でぬいとめる。

樺細工
山桜の樹皮を、うすくけずってはっている。

将棋のこま
山形県は全国の将棋こまのほとんどを生産している。写真は飾りごま。

絵ろうそく
冬の生活にいろどりを与えるために、梅や椿などのあざやかな絵がえがかれるようになった。

織 こぎん刺し
江戸時代、寒い地域の農村の女性たちは、麻布に刺子というししゅうをほどこして衣服の保温性を高めたり、補強をしたりした。

北海道

浄法寺塗
岩手県の浄法寺町（現在の二戸市）は、うるしの国内最大の産地。21ページも見てね。

青森県

秋田県

南部鉄びん
わかしたお湯に鉄分がとけ出すので、鉄分がとれる。

岩手県

山形県

宮城県

竹 岩出山しの竹細工
しの竹の皮だけを使い、表皮を内側にして編んでいる。これは米をとぐざる。

福島県

織 会津木綿
厚手でじょうぶ。

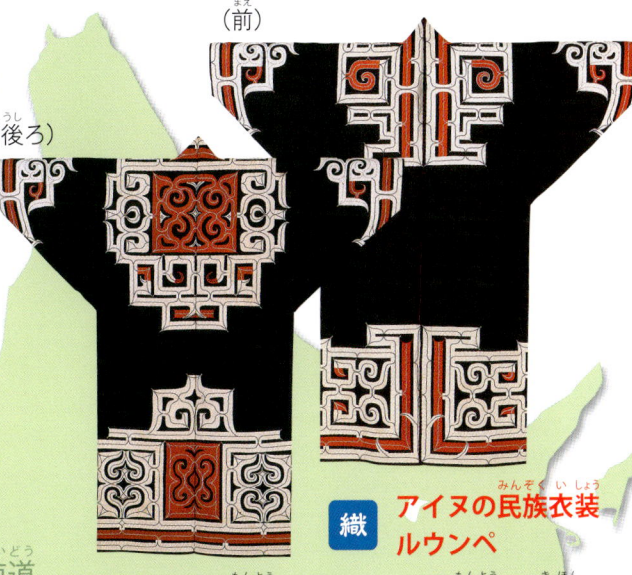

（前）（後ろ）

織 アイヌの民族衣装 ルウンペ
モレウ（うずまき文様）とアイウシ（とげ文様）を基本としたアイヌ文様がほどこされている。狩りょうや漁労など自然と関わりの深い生活のなかで育まれてきた。

所蔵＝アイヌ民族博物館

> 日本の豊かなもの作りの技を大切にして、未来につなげたいですね。

鳴子こけし
宮城県の鳴子こけしは首を回すと「キイキイ」と鳴る。東北地方にはさまざまな種類のこけしがあるので、調べてみると楽しいよ。

風土が生み出す豊かなちがい

世界の国のデザインくらべ

国がちがえば、気候やとれる食材もいろいろです。衣服や料理にあらわれるデザインのちがいをくらべてみましょう。

衣服

アロハシャツ
アメリカ（ハワイ）

常夏の島ハワイのアロハシャツは、風通しがよく、動きやすい。独特のがらは、日本のゆかたがもとになったともいわれている。

毛皮のぼうし（ウシャンカ）
ロシア

極寒の地ロシアのぼうしの素材はウサギの毛皮。頭の上に耳あてを巻きつけてあり、おろすと首やあごを寒さから守ることができる。

着物
日本

重ねる枚数を変えることで、むし暑い夏も、寒い冬も快適に過ごせる。

バルヌース チュニジア

ラクダの革で作られたマント。砂ばくのきびしい太陽光線、夜の寒さ、砂嵐から全身を守る。

食

アフタヌーンティー
イギリス

イギリスには午後に紅茶を飲み社交を楽しむ風習がある。ケーキやパンをのせられるケーキスタンドは、午後の紅茶の時間を華やかにする道具だ。

タジンなべ
モロッコ

ふたの先のほうはほかより温度が低いため、上った水蒸気が冷えて水てきになる。つまり、食材から出る水分だけで料理ができるんだ。かんそうした砂ばくの地域ならではのなべだね。

30

フランス料理
フランス

さまざまな種類のソースがあり、味つけにも美しい盛りつけにも使われる。フランス料理は皿にどう盛りつけるかも料理のうちなのだ。

フィッシャーマンズセーター
アイルランド

波が荒い北の島の漁師が着る、なわ編みの模様がうき出ているセーター。家ごとに独自の模様があり、だれのセーターなのかがわかる。

ターリー
インド

数種類のカレーがのった定食。お盆のような皿は、まぜて食べやすくするため。インドでは手でまぜて食べるよ。

アルパカのポンチョ
ペルー

高山で育つアルパカの毛はあたたかい。白や茶や黒の天然毛を組み合わせて、さまざまな模様を織ることができる。

パエリア
スペイン

パエリアはスペインを代表する米料理。日本のお米の食べ方とはちがうね。平たく浅いパエリアなべで作る。

やってみよう　盛りつけを引き立てる技
飾り切りに挑戦！

りんごのうさぎ

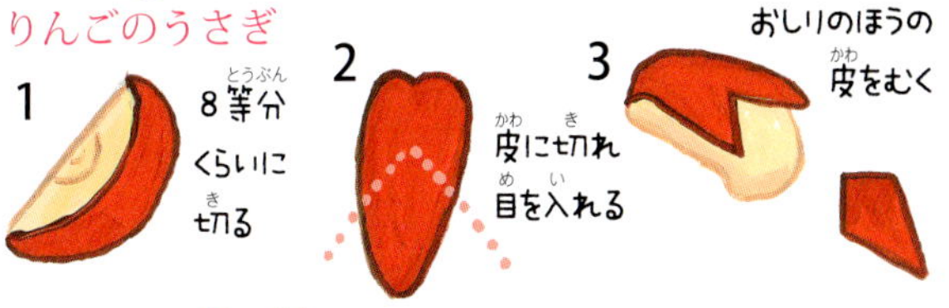

1 8等分くらいに切る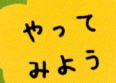
2 皮に切れ目を入れる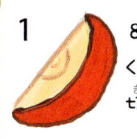
3 おしりのほうの皮をむく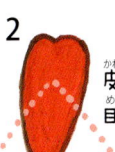

にんじんの梅の花

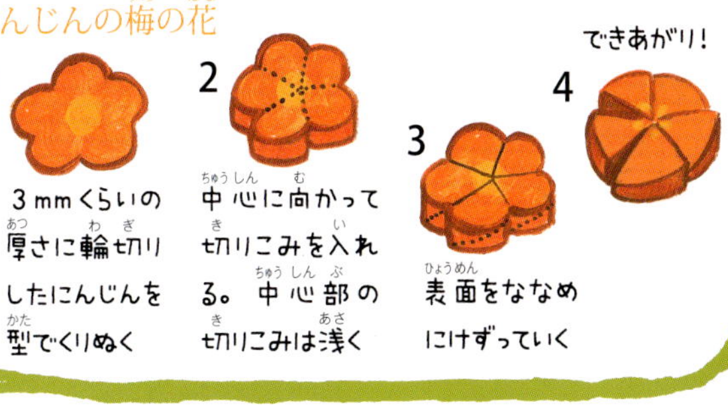

1 3mmくらいの厚さに輪切りしたにんじんを型でくりぬく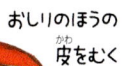
2 中心に向かって切りこみを入れる。中心部の切りこみは浅く
3 表面をななめにけずっていく
4 できあがり！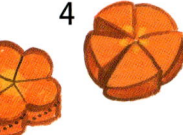

ケンメイ先生のデザインの目

デザインタイムマシーン

昔はどんな形をしていたのかな？　進化の過程を見てみましょう！

電話機

1876
ベル電話機
グラハム・ベルの発明による世界初の電話機。

1878
国産1号電話機

1896
デルビル磁石式壁掛電話機

「女子電話使用の図」部分
中村洗石 画

1897
デルビル磁石式甲号卓上電話機

テレビ

1926

「テレビの父」
高柳健次郎

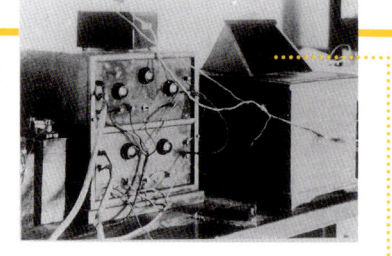
受像側装置

高柳健次郎が発明。高柳は右側の暗箱の中に受像用ブラウン管を置いてのぞいた。初めて受信した画像は「イ」の字であった。

1953
シャープ TV 3-14T
国産第1号テレビ。

1960
ソニー TV8-301
世界初の、持ち運びができるトランジスタテレビ（直視型）。

トイレ

縄文時代・弥生時代
川の上に丸太を組んでいる。（写真は模型）

江戸～明治時代
木製で、くみ取り式だった。

明治時代
陶製が登場。現在と同じ素材に。

乗用車（ベンツ）

1886 エンジンで動く世界初の乗用車。

1950年代頃
ベンツのクラシックカーのひとつ。
© Rudolf Stricker

2010 2012 SLS smart
歴史のおもかげを残すスポーツカーと、ふたり乗りの電気自動車。

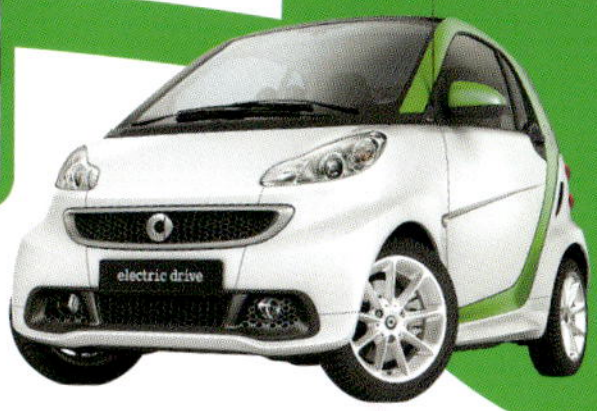

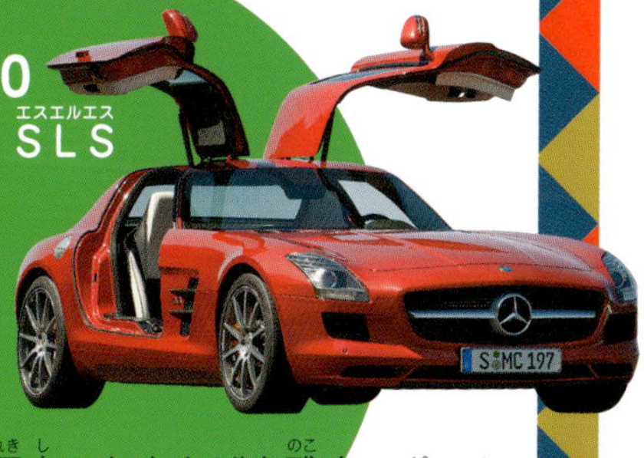

1927 2号自動式卓上電話機

1933 3号自動式卓上電話機
黒電話の誕生。その後、デザイン改良が行われ、1962年に登場した黒電話は、こわれにくく今も使われている。

1969 プッシュホン

1991 携帯電話ムーバ

2009頃 docomo スマートフォン

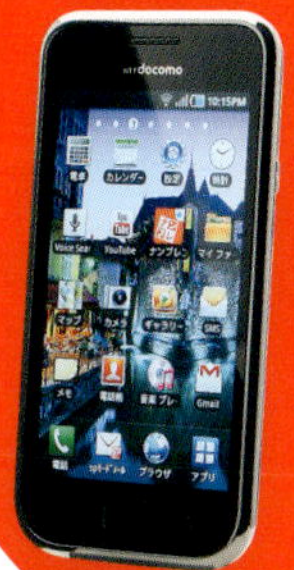

1965
パナソニック 嵯峨
家具調のデザインが人気に。

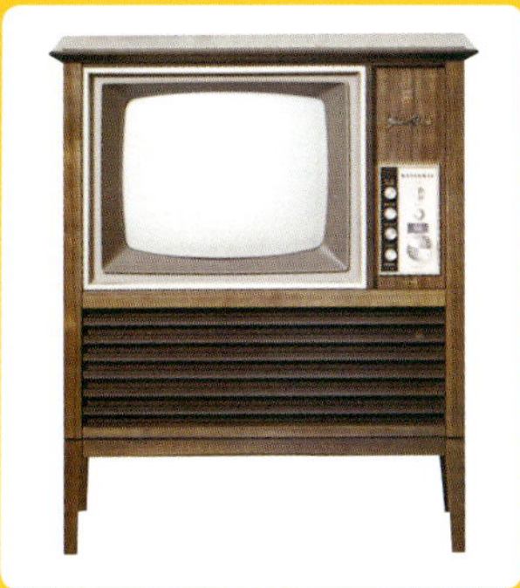

1983
シャープ 21C-L1
装飾がなくなりシンプルに。

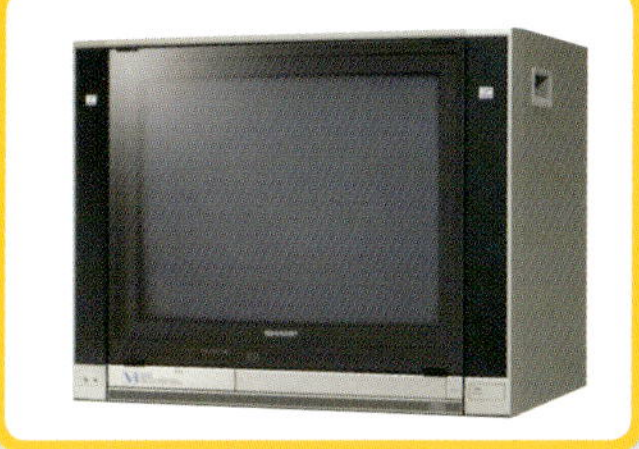

2011
シャープ フリースタイルアクオス
大画面の液晶テレビ。

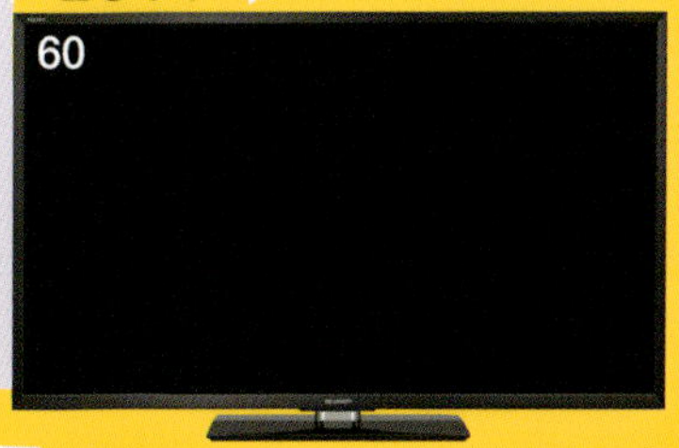

2007
ソニー XEL-1有機ELテレビ
最もうすい部分は約3mmしかない。

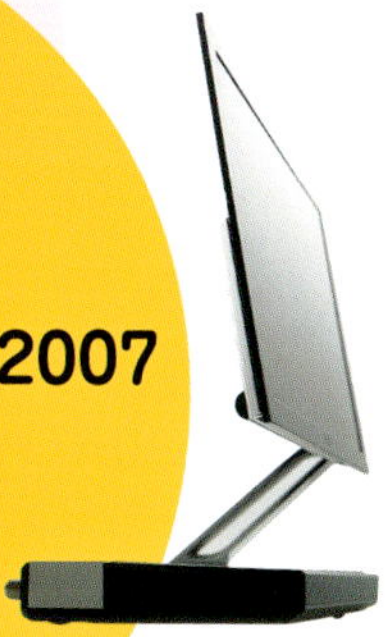

昭和30年頃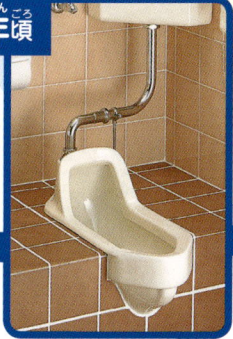
水洗トイレが登場。まずは和式から。
TOTO 和式トイレ

昭和50年頃全盛
洋式トイレが増えていく。写真はサイホン式。
TOTO 洋式トイレ

2012 TOTO ウォシュレット ネオレスト 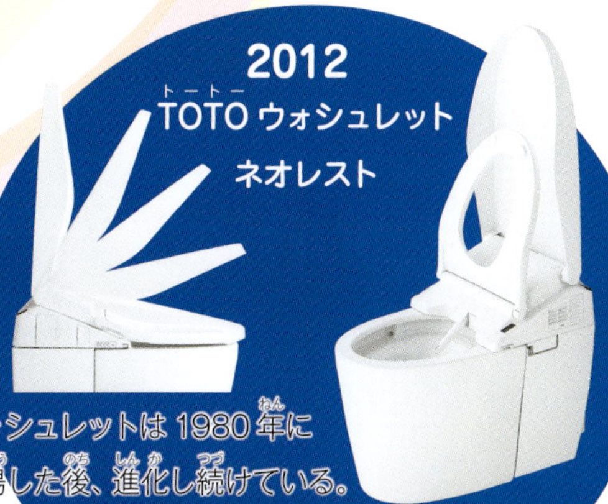
ウォシュレットは1980年に登場した後、進化し続けている。

33

長生きデザイン大研究

"ロングライフデザイン"に注目！

長い間多くの人に愛され、変わらずに続いているデザインがあります。
日本もふくめた世界の、そんな長生きデザインを見てみましょう。

ライカM
（レンジファインダー式カメラ）

1954年〜 59歳

ドイツ

ライカMシリーズの初代モデル「ライカM3」があまりに美しく精密だったので、日本のメーカーはM3とは仕組みがちがう一眼レフカメラの開発に力を入れたという歴史があります。長持ちすることから中古品もたくさん流通し、大切に使われています。

ル・クルーゼ ホーローなべ

1925年〜 88歳

フランス

なべといえば鉄製で灰色だった時代に、鉄を型に流しこんで形を作る鋳物職人と、ホーロー細工の技術者が出会ったことで生まれました。最初に作られた炎のようにあたたかいオレンジ色は今も変わりません。

自由学園工芸研究所 学園積木

積木の寸法は、子どもの手になじむ約6cmの丸い球を基準にして割り出されています。球は転がらずに重ねられます。

1949年〜 64歳

日本

MONO 消しゴム

1967年〜 46歳

日本

モレスキン ノート

19世紀〜 200歳以上

イタリア

画家のゴッホやピカソ、作家のヘミングウェイも使っていたモレスキンのノート。時代が変わっても、スケッチしたり記録したりする楽しみは変わりません。これからもだれかに「愛用」され続けることでしょう。

● ものにつけている年齢は2013年現在のものです。

アラジン 灯油ストーブ

1930年代〜 80歳以上

イギリス

筒状の形は、空気の対流をうながし部屋があたたまりやすくするため。形、炎の色の美しさ、そうさのわかりやすさ、着火と消火時にいやなにおいがしないなど、ストーブのお手本といえます。

マーティンギター

1833年〜 180歳

クリスチャン・F・マーティンは15歳の頃にギター製作家ヨハン・シュタウファーに弟子入りします。彼が独立して開いた小さなお店が、後に世界で最も有名なアコースティック・ギターメーカーとなりました。

アメリカ

リーバイス 501
（ジーンズ）

1873年〜 140歳

ジーンズは、激しい労働にたえられるじょうぶな作業着を作ろうとして生まれました。

アメリカ

ビクトリノックス スイスアーミーナイフ

1897年〜 116歳

スイス

収納と携帯のアイデアがたくさんつまった製品です。災害時にも役に立ちます。

コンバース キャンバス オールスター
（バスケットシューズ）

1917年〜 96歳

アメリカ

バスケットボールだけでなく、ふだんでもはかれています。

長生きデザイン大研究

暮らしの中から探してみよう

きみのまわりにある"ロングライフデザイン"を探して、どんなふうに使われ、愛されてきたのか聞いてみましょう。

このかごはたっぷり入ってじょうぶなの。

この使いこんだたわしで、じいじのせなかをちょいと洗ってくれないかい。

亀の子束子
ぼう状のたわしを折り曲げて丸い形にし、使いやすくした。形がカメに似ていることが名前の由来だ。明治時代に誕生してから、今もデザインは変わらない。

市場かご
しの竹でできているので、軽くてじょうぶ。土にかえる自然素材の使用は、環境を守ることにもつながっている。

蚊取り線香
直径は約11cmだけど、のばすと長さは75cmにもなり7時間も燃え続ける。誕生は明治23年（1890年）。夏といえば蚊取り線香というほど生活になじんでいる。

ほうき
細かいホコリまでよく取れて、軽くて簡単に使える。そうじ機が普及しても残っているよ。

このほうき、便利でずっと使っているのよ。

おばあちゃんの子どもの頃からあるんだよ！

36

ランドセル
小学1年生が背負っても負担にならず、6年以上もこわれないじょうぶなつくり。

ランドセルは毎日使っているよ。

しょう油さし
しょう油さしと保存びんの両方の機能を持ち、左右対称の美しい形をしている。

持ちやすいししょう油がたれないんだ。

このペンはとてもかきやすいね。

スーパーカブ
郵便物、新聞、おすしにおそばまで、あらゆる配達に使われるじょうぶなバイク！さまざまな色がある。

おそば屋さんや郵便屋さんも乗っているバイクだよ。

サインペン
1960年代にアメリカの宇宙飛行士の筆記具に指定され、宇宙も旅した水性ペン。

37

ケンメイ先生のデザインの目

ロングライフデザインを生み出すための10か条

ぼくが、ロングライフデザインが育つ社会に大切だと思っている10個のことをしょうかいするね。

1 修理

修理して長く使い続けられる方法があること。

カバーをはりかえよう

修理ができなかったり、交かんしたい部品がもうなかったりするのは困るね。

2 価格

価格がそのものに合っていること。

まあ、安すぎ…？

正しい価格による収入が保たれないと、作り手が作り続けられなくなるよ。

3 販売

売る人は作り手の思いを使い手に伝えること。

ボタンがわかりやすく、そうさが簡単です

4 作る

もの作りへの愛があること。

5 機能

使いやすいこと。

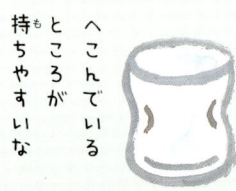

へこんでいるところが持ちやすいな

ぼくの手にぴったりだ。

38

6 安全

素材や形に危険がないこと。

うるしは天然のよい素材

7 環境

環境を守ることを考えていること。

この植木ばちは土にかえる素材で作ってみよう

8 作る量

むやみやたらに作り過ぎないこと。

今日の分は終わりました！

ものがあまらないように、計画して生産しよう。

9 大好き

そのものを使い続けるファンを生み出すこと。

この会社の製品のファンなんだ

ファン！

10 美しさ

常に美意識に基づいてデザインを考えること。

　ロングライフデザインは、昔から長く続くデザインです。息の長いデザインを生み出すことは、実は環境にとっていいことでもあるのです。

　すぐ新しいものがほしくなり、まだ使えるものを捨ててしまうのでは、いくらものを作っても足りませんよね。ものを作るためには、資源が必要です。また、二酸化炭素をたくさん発生させることにもなります。このようなことを続けていては、地球はいずれ悲鳴をあげてしまいます。

　作り手は使いやすく美しいものを作り、売る人は使い手にその思いを伝えなくてはなりません。使い手はその思いに共感して良いものを選びます。そして、作り手はさらに良いものを作ることを目指します。このように、デザインを通して、作り手・売り手・使い手はつながり、ロングライフデザインを生み出す社会が築かれていくのです。

社会が変わる

ロボットデザインの発想力

きみはどんなロボットがいたらいいと思う？
作り手の自由なアイデアが、新たな可能性を生み出します。

人間型ロボットをデザインする

ホンダで二足歩行ロボットの開発が始まったのは1986年。
ASIMOが生まれるまでの変化をたどってみましょう。

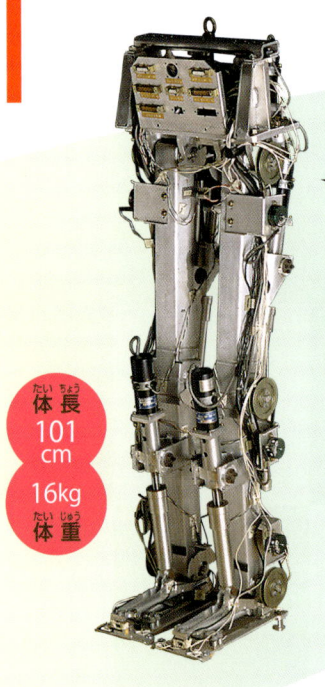

まずは二足歩行から。

1986　E0（イーゼロ）

人間型ロボット実現への道は二足歩行を研究することから始まった。初代のE0は一歩進むのに5秒もかかったが、その後人間や動物の歩き方が研究され、約5年で時速1.2kmほどの速さで歩行することができるようになった。

体長 101cm
体重 16kg

上半身がついたよ。

1992　E5（イーファイブ）

歩くことの次の課題は、姿勢を安定させること。E5は階段やしゃ面を進むことができ、おされても、でこぼこがあっても、姿勢を安定させることができる。二足歩行の基礎が完成した。

体長 170cm
体重 150kg

人の暮らしを支える、さまざまな形のロボット

なぜその形になったのか、ロボットの役割とあわせて考えてみましょう。

人間が行けない場所へ
緊急災害対応ロボット　Quince（クインス）

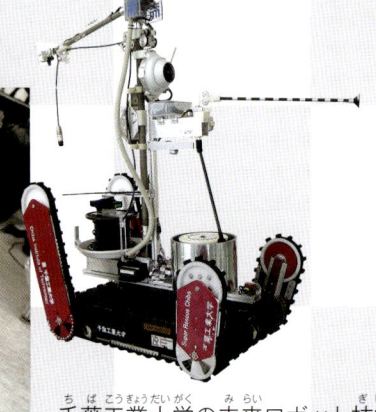

千葉工業大学の未来ロボット技術研究センターが開発。2011年3月の東日本大震災のさいに事故を起こした福島第一原子力発電所で、同年6月から屋内に入り放射線量の測定などを行っている。

マネキンを使ったロボキューによる救出訓練。

©千葉工業大学　未来ロボット技術研究センター

ASIMO 誕生

2000年頃から開発が始まったASIMO。それまでのロボットとのちがいに気づいたかな？ ASIMOのデザインはカーデザイナーが手がけたんだ。家や仕事場など人間の生活空間で活やくすることを考えて、小さく軽くして、より身近に感じられるような、やわらかい形に作られている。能力もさらに向上し、自由に歩いたり、走ったりできる。自らの頭脳をつかって、人を識別したり仕草の意味を読み取ったりできるようにもなった。この先、さらにどんなロボットに成長していくか楽しみだね。

腕がついたよ。

1996 P2

二足歩行を安定させ、そこに頭や腕を加えることで誕生した、世界初の人間型自律二足歩行ロボットだ。

体長 182cm
体重 210kg

2000〜 ASIMO

小型になったよ。

体長 130cm
体重 48kg

写真は2005年発表時の機体。

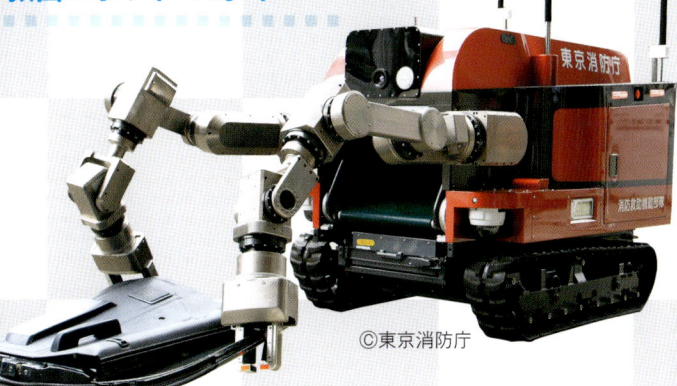

救出が困難な状況に対応
救出ロボット ロボキュー

©東京消防庁

東京消防庁の救出ロボット"ロボキュー"は、救助隊が近づけない場所でも遠くかくそうさによって人を運び出すことができる。

人をいやすために
アザラシ型ロボット パロ

医療や福祉などの施設で、人にやすらぎや楽しみを与える目的で作られた。海外でも導入され、世界で最もセラピー効果があるロボットとして、ギネス世界記録に認定されている。

介護老人保健施設でのロボット・セラピーで活やくするパロ。

©独立行政法人産業技術総合研究所

41

社会が変わる

からだを支え、動きを助ける

病気や事故で思うように体を動かすことができなくなっても、楽しく生活を送れるように、夢を実現できるようにと考えられたデザインです。

陸上競技用の義足　山中俊治

義足は使う人ひとりひとりの体形に合わせて作られている。この義足は、使う人が全力で走れるように、軽さ、板バネの形などの機能、美しさを考え、試行を重ねて作られた。デザイナー、義肢装具師、義足を研究している学生たちなどの多くの力で実現した。

写真：後藤晃人

義足を装着して走る、パラリンピックにも出場した高桑早生さん。
（デザイナーの山中俊治さんによるスケッチ）

選手とともに夢を追う

競技用の車いす　オーエックスエンジニアリング

「レーサー」とも呼ばれる。通常の自走用車いすとはちがって、スピードが出せるように低い姿勢で乗る。タイヤが「ハ」の字になっているのは、腕を動かしやすくし、安定してカーブを曲がるためだ。

歩行を助ける短下肢装具
ゲイトソリューションデザイン
川村義肢

疑問点を研究、改善し新しい道具へ

脳こうそくなどが原因で、まひのある脚に装着し、歩行を助ける装具。足首を固定する方法が常識だったなか、それまでの方法に疑問を持ち、すねの筋力を補うことが重要であることをつきとめた。機能を高めたうえで、さらに「はきたくなる」デザインを追求し、使う喜びを満たした。

だれもが使いやすいものを

ユニバーサルデザイン

ユニバーサルとは「みんなに共通の」という意味です。アメリカの大学で、できるだけ多くの人が利用できるものや建物の形を研究していたロナルド・メイスさんが、研究仲間とともに「7つのきまり」をまとめて広めました。どんなデザインや機能があるか見てみましょう。

ユニバーサルデザイン　7つのきまり

1. だれもが同じように使用できること。
2. 人によりさまざまな使い方ができること。
3. 使い方が簡単で、わかりやすいこと。
4. 必要な情報がだれにでも、すぐにわかること。
5. 事故や危険に、できるだけつながらないこと。
6. 無理なく、少ない力で楽に使えること。
7. だれにでも使いやすい広さや大きさがあること。

使いやすい電子体温計

電子体温計 けんおんくん
デザイン：柴田文江

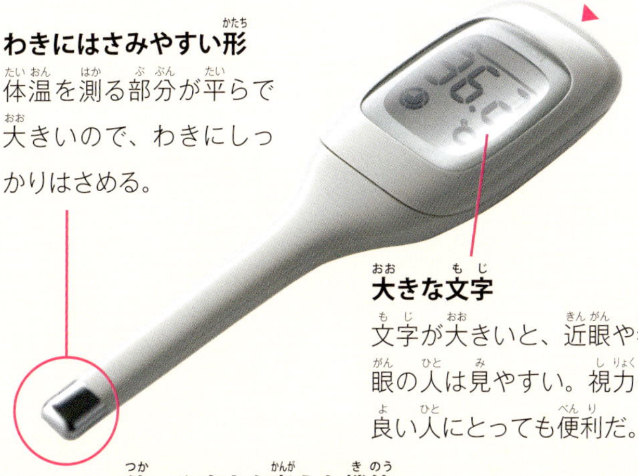

わきにはさみやすい形
体温を測る部分が平らで大きいので、わきにしっかりはさめる。

大きな文字
文字が大きいと、近眼や老眼の人は見やすい。視力の良い人にとっても便利だ。

使いやすさを考えた機能
◀の部分にあるボタンをうっかりおしても、電源が切れないようになっている。30秒で測れるので、じっとしていられない小さな子にも使いやすい。

すくいやすい器

皿の底からフチへつながる部分がせり上がっていて、内側に少しカーブしている。小さな子でもすくいやすくて、こぼしにくい設計になっている。

ユニバーサル多用深皿　デザイン：森正洋

けがをしにくいがびょう

かべにさすとき以外は、はりが外に出ないようになっている。がびょうをうっかりふんづけても、けがをしないための工夫だ。

プニョプニョピン

でこぼこの印があるシャンプーの容器

リンス（右）には印がない。目をつぶっていても区別がつく。

右利き、左利き、どちらの人も使えるはさみ

利き手に関係なく使える。8ページのやかんのように、左右対称のものも利き手を選ばない。

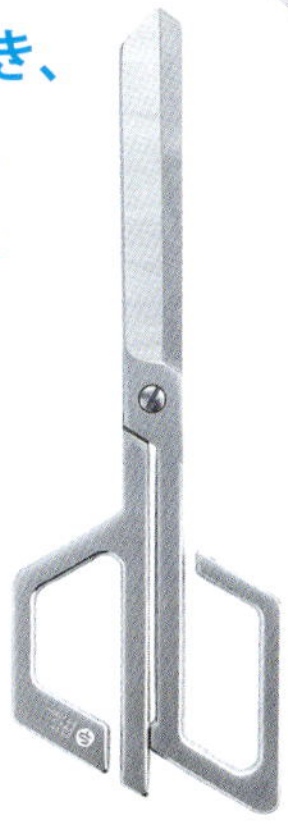

使い方が簡単で、声が聞き取りやすい携帯電話

相手の声を大きくしたり、ゆっくり聞こえたりする機能がある。周りがさわがしくても聞き取りやすい。

らくらくホン

●ユニバーサルデザインは2巻にもけいさいしています。

社会が変わる

デザインの力で笑顔を増やそう

世界には、きれいな水源からはなれたところに住む人がたくさんいて、水運びの重労働に苦しんでいます。そこで、水を転がそうと考えられたのがQドラムです。

らくらく運べるよ！

持ち運ぶ → 転がす

Qドラム

この中に水が入っている。

生活を楽に、安全に、健康に

開発途上地域の女性や子どもは、水の入った重い容器を頭の上にのせて運ぶことも多く、首や背骨に障害を引き起こす原因になっている。Qドラムは水を転がす発想から生まれた。平らな所なら子どもでも50リットルの飲用水を何kmも引っぱることができる。からだへの負担を減らし、女性の時間によゆうをつくり、生活を楽にするだろう。多くの人に届けることが目標だ。

▲ Qドラムの周りに小さな子どもたちが集まる。Qドラムは長持ちするようにがんじょうに作られている。

◀ 持ち運ぶタイプの容器で水をくみに行く女性と子ども。

写真はすべて、南アフリカのノーバディ村。　© Pieter Hendrikse

まだある！形の工夫

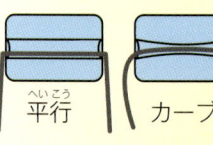

平行　カーブ

ロープを通す穴は平行ではなく、少しカーブさせてある。平行のときより少ない力で動かせる。

44

ケンメイ先生のデザインの目

"もの選び"も世界を変える

最後に、使う人も作る人もみんながしあわせになる"公平さ"をテーマに、世界の生産者に目を向けてみましょう。「自分が使っているものは、どこでとれた材料で、だれが作ったのだろう」そういうことを考えるのも、大事なことなのです。

"公平な貿易"、フェアトレード

わたしたちの身の回りには、外国で作られた製品や素材、食べ物などがたくさんあります。なかには、おどろくほど安く販売されているものもあります。

その安さを生み出すために、開発途上国では大人も子どもも非常に安いお金で働いたり、効率のために強い農薬を使わされて病気になったり、また、農地をつくるために環境を考えない開発が進められるといった、多くの労働問題・環境問題が生じています。

生産者のかかえるこのような問題を改善し、公平な取引をしようという、貿易の仕組みや動きがフェアトレードです。フェアトレードの製品を選ぶことは"公平な貿易"を支えることにつながります。

photo:Frédéric Raevens

FAIRTRADE
国際フェアトレードラベル機構が認めた製品につけられるラベル。

国際フェアトレード基準により、農薬をなるべく使わない方法でコットン(綿)を栽ばいするマリ共和国の生産者。化学肥料にもたよらないオーガニック農法も、一部で行われている。このような取り組みによって、人々の健康が改善され、さらに、フェアトレードから得た奨励金で、村に小学校や食料を備えるための倉庫が作られた。

写真提供：特定非営利活動法人フェアトレード・ラベル・ジャパン

ものが作られてきみのもとに届くまでに関わる主な人たち

- デザイナー
- 生産者
- 職人
- 輸出者
- 製造者
- 輸入者
- 販売者
- 運送者

もの選びの力を育てると、いいものを作る社会が継続することにつながります。作り手と使い手は同じ世界を築いているんですよ。

世界を変えるデザインの力
キーワードさくいん

1巻

あ
- アーチ形　9
- 藍染め　26
- アクリル　17
- 麻　20,28,29
- ASIMO　40〜41
- 鮎の瀬大橋　17
- アラジン　35
- アルパカ　31
- アルミニウム合金　23
- アレッシィ　19
- アロハシャツ　30
- アントニ・ガウディ　13
- 印伝　28
- ウール　20
- ウォークマン　15
- うずまき　12
- 宇宙服　23
- うるし　16,21,28,29
- エアマックス　22
- 大野美代子　17
- 鬼塚喜八郎　15
- 折りたたみ自転車　10

か
- 価格　38
- 化学せんい　22
- 飾り切り　31
- 型染め　27
- 蚊取り線香　36
- 樺細工　29
- 紙　20
- 亀の子束子　36
- ガラス　11,21
- 木　20,21
- 義足　42
- 絹　20
- 機能美　17
- 着物　30
- 九州新幹線800系「つばめ」　24
- Qドラム　44
- 金属　23
- Quince　40
- 倉俣史朗　17
- 車いす　42
- ゴアテックス　22,23
- こぎん刺し　29
- ココ・シャネル　14
- ゴム　22
- コンバース　35

さ
- ザイロン　22
- サグラダ・ファミリア　13
- シェルチェア　22
- 磁器　11,26
- 柴田文江　43
- ジャージードレス　14
- 修理　38
- 重力　13
- しょうじ　20
- 浄法寺塗　21,29
- 消防服　22
- 新幹線N700系　13
- Suica自動改札機　18
- スーパーカブ　37
- 錫　27
- スティーブ・ジョブズ　15
- スティーマートランク　17
- ステンドグラス　21
- ステンレス　23
- ソニー　15

た
- たい熱ガラス　21
- 高柳健次郎　32
- 竹　20,26〜29
- タジンなべ　30
- 短下肢装具　42
- チタン合金　23
- チャールズ＆レイ・イームズ　19,22
- テクノーラ　22
- テレビ　32〜33
- 電話機　32〜33
- トイレ　32〜33
- 陶器　11,26

な
- ななつ星in九州　25
- 787系「つばめ」　25
- 南部鉄びん　29
- ノーメックス　23

は
- 白磁　27
- バタフライスツール　16
- パロ　41
- 販売　38
- ビートル　14
- 光ファイバー　21
- ビクトリノックス　35
- 平形めし茶わん　16
- 紅型　27
- フィッシャーマンズセーター　31
- 風洞実験　13
- フェアトレード　45
- フェルディナント・ポルシェ　14
- 筆箱　4〜7
- プラスチック　22
- ペットボトル　22
- ベンツ　33
- ホーロー　34

ま
- マーティン　35
- 万祝　28
- マグネシウム合金　23
- 曲げ木　21
- 曲げわっぱ　29
- 増田多未　16
- マッキントッシュ　15
- ミス・ブランチ　17
- 水戸岡鋭治　24〜25
- めのう　27
- 木綿　20,28,29
- 森正洋　16,43
- モレスキン　34

や
- やかん　8
- 柳宗理　16
- 山中俊治　18,42
- 雪さらし　28
- ユニバーサルデザイン　43
- 洋紙　20

ら
- ライカ　34
- らせん　12
- リーバイス　35
- リサイクル　22,23
- リチャード・サパー　19
- 流線形　12
- ルイ・ヴィトン　17
- ルウンペ　29
- ル・クルーゼ　34
- レゴブロック　22
- ロータス効果　23
- ロナルド・メイス　43
- ロボキュー　40〜41
- ロボット　40〜41
- ロングライフデザイン　34〜39

わ
- 和紙　20,27,28
- 輪島塗　16,28

おわりに
監修 ナガオカケンメイ先生より

　僕はもうすぐ50歳。おじいちゃんではありませんが、お兄さんでもありません。大人になるとどうなるかというと、身の回りの世話をしてくれるお母さんからも、住んでいる家のローンをはらってくれるお父さんからも独立して、自分で洗たくしたり、借りた部屋の家賃をはらったりしながら、毎日毎日、とてもいそがしく仕事をする社会人になるのです。今のきみたちのようにゆっくりじっくり何かについて考える時間など、ほとんどなくなってしまうでしょう。今の僕のようにです。

　今、僕はデザイナーを始めて30年たちます。30年もデザインのことを考えていて思うのは、デザインには、いいデザインと悪いデザイン、人のためのデザインと自分勝手なデザインがあるということです。どんなにかっこよくても、すぐにこわれたり、けがをしそうになったり、自然環境に悪かったりしてはいけないはずです。けれども、大人になるとそういうデザインも、かっこいいから、流行っているからいいかなと許して、作ってしまうことができるのです。それはとても悲しいことです。

　デザインするということは、豊かな未来を思いえがいて、こんなものがあったらいいなとアイデアを出し、それを形にすることです。そのようなデザインは、みんなの生活を豊かにして、社会の問題を解決する力を持ちます。

　この本には、みんなの心にずっと留めてほしいデザインとその考え方をしょうかいしています。大人になっても忘れないで、デザインに関心のある人になってくださいね。最後まで読んでくれてありがとう。(2013年2月)

監修者のしょうかい

1965年北海道生まれ。工業高校を卒業後、デザイン会社に就職し、グラフィックデザイナーになる。22歳でデザイナーをやめ喫茶店のマスターを2年間務めた後、再びデザイナーに戻る。日本デザインセンター原デザイン研究所に所属した後、1997年に独立しデザイン会社を設立。2000年に開始した「D&DEPARTMENT PROJECT」はショップ形式で商品の販売を通してロングライフデザイン（昔から長く続くデザイン）の魅力を伝え、社会とデザインがつながる仕組みをさぐり続けている。

NAGAOKA KENMEI

監修	ナガオカケンメイ（D&DEPARTMENT PROJECT 代表）
装丁・本文デザイン	ももはらるみこ（ナースデザインステーション）
イラスト	亀澤裕也
編集	教育画劇編集部 桑原るみ　三橋太央（オフィス303）
撮影	土屋貴章（オフィス303）

協力

リーディング・エッジ・デザイン
ドーンデザイン研究所

写真協力

- 3ページ……伊豆の国市文化振興課
- 9ページ……株式会社マーナ
- 10ページ…パナソニック サイクルテック株式会社、株式会社リングスター
- 12ページ…株式会社フジドリームエアラインズ、タルジェッティ ポールセン ジャパン株式会社
- 13ページ…アルテレックス株式会社、スペイン政府観光局、ＪＲ東海
- 15ページ…株式会社アシックス、ソニー株式会社
- 16ページ…財団法人柳工業デザイン研究会、コド・モノ・コト、アシストオン
- 17ページ…株式会社エムアンドエムデザイン事務所、熊本県山都町商工観光課、クラマタデザイン事務所、富山県立近代美術館
- 18ページ…リーディング・エッジ・デザイン
- 19ページ…ハーマンミラージャパン株式会社、株式会社デイリープレス
- 21ページ…ワークス・ギルド・ジャパン株式会社、二戸市浄法寺総合支所うるし振興室、フリーデザイン
- 22ページ…ナイキジャパン、小林防火服株式会社、株式会社ブリヂストン
- 23ページ…アメリカ航空宇宙局(NASA)、朝倉染布株式会社、William Thielicke、ペンタックスリコーイメージング株式会社、株式会社松岡製作所、エース株式会社
- 24、25ページ…ＪＲ九州
- 26ページ…株式会社大石天狗堂、宮崎県商工観光労働部商業支援課、熊本県伝統工芸館、有限会社田宮忠、有田町商工観光課、久留米絣協同組合、島根県しまねブランド推進課
- 27ページ…沖縄県立博物館・美術館、協同組合土佐刃物流通センター、丸亀市秘書広報課、長尾織布合名会社、社団法人岡山県観光連盟、出石焼窯元 虹洋陶苑、奈良県高山茶筌生産協同組合、大阪錫器株式会社、京都工芸染匠協同組合、伊賀市役所商工労働観光課、御食国若狭おばま食文化館若狭工房
- 28ページ…静岡竹工芸協同組合、美濃市観光協会、木祖村観光協会、石川県観光連盟、塩沢織物工業協同組合、箱根町役場企画観光部観光課、白浜海洋美術館、岩槻人形協同組合、群馬県工業振興課、茨城県観光物産協会
- 29ページ…山田木綿織元、会津若松観光物産協会、天童市観光物産協会、秋田県地域産業振興課、日本こけし館、二戸市浄法寺総合支所うるし振興室、青森県、財団法人アイヌ民族博物館
- 32〜33ページ…逓信総合博物館、メルセデス・ベンツ日本株式会社、公益財団法人高柳記念財団、シャープ株式会社、ソニー株式会社、パナソニック株式会社、TOTO歴史資料館、TOTO株式会社
- 34ページ…ライカカメラジャパン株式会社、ル・クルーゼ ジャポン株式会社、株式会社自由学園サービス
- 35ページ…日本エー・アイ・シー株式会社、株式会社黒澤楽器店、ビクトリノックスジャパン株式会社、株式会社プレスハウス
- 37ページ…株式会社鞄工房山本、ホンダ
- 40、41ページ…ホンダ、千葉工業大学 未来ロボット技術研究センター、東京消防庁、株式会社知能システム、独立行政法人産業技術総合研究所
- 42ページ…慶應義塾大学 山中デザイン研究室、株式会社オーエックスエンジニアリング、川村義肢株式会社
- 43ページ…オムロンヘルスケア株式会社、デザインモリコネクション有限会社、コクヨS&T株式会社、株式会社クラフトデザインテクノロジー、株式会社エヌ・ティ・ティ・ドコモ
- 44ページ…Pieter Hendrikse
- 45ページ…特定非営利活動法人フェアトレード・ラベル・ジャパン

参考文献

『プロダクトデザインの思想 Vol.1』三原昌平 編（ラトルズ）、『デザインの瞬間』京都造形芸術大学 編（角川書店）、『デザインの骨格』山中俊治 著（日経BP社）、『素材加工辞典』アイ・シー・アイデザイン研究所　飯田吉秋／黒田弥生 著（誠文堂新光社）、『テレビ事始 イの字が映った日』高柳健次郎 著（有斐閣）、『カーボン・アスリート　美しい義足に描く夢』山中俊治 著（白水社）

●その他、地方自治体、公共機関、企業、新聞社などのＨＰを参考にさせていただきました。

世界を変える デザインの力 ❶ 使う

2013年2月15日　初版発行
2020年6月20日　2刷発行

発行者	升川和雄
発行所	株式会社教育画劇 〒151-0051 東京都渋谷区千駄ヶ谷5-17-15 TEL 03-3341-3400　FAX 03-3341-8365 http://www.kyouikugageki.co.jp
印刷所	大日本印刷株式会社

● 本書の無断転写・複製・転載を禁じます。
● 乱丁・落丁本は弊社までお送りください。送料負担でお取り替えいたします。

©KYOUIKUGAGEKI, 2013. Printed in Japan
ISBN 978-4-7746-1709-1 C8372
（全3冊セットISBN 978-4-7746-1712-1）